Civismo

Ser un líder

Cassie Mayer

Heinemann Library
Chicago, Illinois

© 2008 Heinemann Library
a division of Capstone Global Library, LLC
Chicago, Illinois

Customer Service 888-454-2279
Visit our website at www.heinemannraintree.com

Designed by Joanna Hinton-Malivoire
Illustrated by Mark Beech
Translation into Spanish produced by DoubleO Publishing Services

ISBN-13: 978-1-4329-0400-5 (hc)
ISBN-13: 978-1-4329-0408-1 (pb)

The Library of Congress has cataloged the first edition of this book as follows:
Mayer, Cassie.
  [Being a leader. Spanish]
  Ser un líder / Cassie Mayer.
     p. cm. -- (Civismo)
  Includes index.
  ISBN 1-4329-0400-0 (hc - library binding) -- ISBN 1-4329-0408-6 (pb)
  1. Leadership--Juvenile literature. I. Title.
  BF637.L4M39318 2007
  158'.4--dc22
                         2007029442

Contenido

Ser un líder significa hacerse cargo de las cosas.

Ser un líder significa dar un buen ejemplo.

Cuando ayudas a alguien...

estás siendo un buen líder.

Cuando te haces cargo de algo…

estás siendo un buen líder.

Cuando invitas a otros a que
se unan...

estás siendo un buen líder.

Cuando ayudas a alguien que tiene un problema…

estás siendo un buen líder.

Cuando alabas el trabajo de otros…

estás siendo un buen líder.

Cuando sigues intentándolo...

estás siendo un buen líder.

Cuando dejas que otros también
tengan su turno como líder…

estás siendo un buen líder.

Es importante ser un buen líder.

¿Cómo puedes ser un buen líder?

Actividad

¿Cómo está siendo una
buena líder esta niña?

Glosario ilustrado

líder alguien que se hace cargo de algo

alabar decir a alguien que piensas
que hizo un buen trabajo

Índice

Nota a padres y maestros
Todos los libros de esta serie presentan ejemplos de comportamientos que demuestran civismo. Tómese tiempo para comentar cada ilustración y pida a los niños que identifiquen las destrezas de liderazgo que muestran. Use la pregunta de la página 21 para plantear a los estudiantes cómo pueden ser buenos líderes.

El texto ha sido seleccionado con el consejo de un experto en lecto-escritura para asegurar que los principiantes puedan leer de forma independiente o con apoyo moderado. Usted puede apoyar las destrezas de lectura de no ficción de los niños ayudándolos a usar el contenido, el glosario ilustrado y el índice.